La pigrizia
Come liberarsene

MARCO VINICIO MASONI

Con disegni dell'autore

AD ANNA, MARGHERITA E LORENZO

RINGRAZIAMENTI

Di solito si ringraziano i maestri e i collaboratori, io ne incontro ogni giorno, impossibile ringraziarli tutti. Posso invece ringraziare i miei lari.
Rivedo i loro volti, ne sento l'affetto, il calore, l'aiuto.
Non siete passati invano, nè siete ora elementi chimici destinati a formare altro, come una scienza rinunciataria, disperata e avara vorrebbe far credere.

1 PREMESSA

Questo è un libro-azione, destinato a provocare piccoli cambiamenti nel lettore.

Beh, l'hai comprato!
Non sei poi così vittima di pigrizia e svogliatezza. La voglia di cambiare c'è, ma occhio! Credo che tu ti conosca, almeno un po', e sai che c'è un comportamento tipico delle persone che non concludono:

"Bello, adesso me lo studio bene, mi cambio la vita, fantastico, ho finalmente trovato il libro che fa per me, vai, è fatta!"

Ma l'entusiasmo dura poco, addirittura a volte solo una mezz'ora, poi si comincia a rimandare. E, dopo aver rimandato, il libro va a finire nel dimenticatoio o nella lista delle cose da fare per vivere un po' meglio in questo mondo.

Siamo quindi davanti a un primo ostacolo.
Come lo si supera?

Beh, guarda che le persone sono proprio strane sai!?
Pensa che il modo col quale le persone svogliate riescono a **non fare** è questo:

si buttano a corpo morto nell'azione, strafanno, si stancano, si deludono e...mollano tutto. E con questo libro sono certo che sei già vittima della spinta a leggertelo tutto e in fretta.

SBAGLIATO!

Ti darò un compito che per un pigro dovrebbe essere abbastanza facile seguire. **Non leggere più di un capitolo per volta!**

Ma non basta, c'è un altro ostacolo che per gli svogliati è una vera e propria mina: l'incostanza.

Se ti conosco so già che forse sotto sotto sai che leggerai il primo capitolo il primo giorno, forse il secondo il secondo giorno, poi lascerai perdere un giorno perché **"c'è da fare altro"** , poi, piano piano, i giorni del non fare aumenteranno e, alla fine, anche questo libro finirà nella pigna dei libri dimenticati.
Ti fornisco quindi un trucco per vincere l'incostanza: metti la sveglia!
Sì, la sveglia. Fissala ogni giorno all'ora della lettura o degli esercizi.
Non farà miracoli, ma ti aiuterà a ricordare, provato e garantito.

Ora ancora poche notizie e poi si comincia.

Questo corso poggia su solide basi teoriche documentate da una vasta bibliografia (che qui non è riportata perché questo non è un libro accademico), su una profonda esperienza terapeutica e sulla sua enunciazione in centinaia di corsi di formazione e consulenze. Sul mio sito puoi scaricare esempi, aneddoti, articoli, aforismi: www.formazione-studio.it Fine.

Ora cominciamo a FARE.

2 LA TUA PIGRIZIA

Ora puoi cominciare il lavoro di lettura e studio di questo libro.

Sei caricata/o, forte e serena/o abbastanza da seguire anche gli esercizi che vengono proposti.

Si cambia SAPENDO, e queste pagine ti insegneranno a vedere le cose in modo diverso, a sapere altro di te e del tuo comportamento.

Se tu fossi davanti a me, nel mio studio, mi accerterei, parlando con te e facendo qualche domanda, che mi stessi seguendo. Da queste pagine però non vedo il tuo volto, non sento la tua voce, per questo ho inserito degli esercizi, che vanno eseguiti, anche se possono sembrarti troppo facili o addirittura una perdita di tempo. Se durante la lettura del libro (che ti ri-consiglio di fare in più giorni) senti sopraggiungere la vecchia stanchezza, fermata, programmando però l'ora di quando riprenderai in mano il libro. Per cominciare basta poco, e la lettura di queste pagine sarà per ora il tuo "fare".

Fermati quando ti vengono proposti degli esercizi. Svolgili con cura. Non sono faticosi e il tempo che dedicherai loro sarà un buon investimento.

Materiale occorrente: un quaderno e una penna.

3 PRIMO GIORNO. PERCHE' E COME SENTI IL PESO DELLA TUA PIGRIZIA

La tua casa è in disordine. Rientrare è a volte così sgradevole che preferisci evitarlo e stai fuori più del necessario. Rimugini progetti di pulizia e riordino.

"Comincerò col lavare quella pigna di piatti e pentole sporche che ingombra ancora il tavolo, il lavello comincia a emanare cattivo odore."

Ma poi non lo farai, ti racconti ciò che i tossicodipendenti si dicono spesso: domani smetto. Ti senti male, mentre leggi queste parole pensi a tutte le volte che hai vissuto o vivi situazioni simili. Anche questa lettura è sgradevole. Senti che non hai il dono dell'ordine, che non ce la farai, che forse dedicherai una giornata a ripulire la casa o a sistemare le "carte", altre volte è accaduto ma poi, dopo poco tempo tutto ricomincerà.

Tu non riesci a gestirti. Non pieghi i tuoi vestiti, accumuli indumenti intimi sporchi sul pavimento, riindossarli è una pratica consueta. Il tuo tavolo è sempre un caos. Rimandi le cose da fare, di giorno in giorno, hai quelle bollette della luce e del telefono da pagare, c'è quella pratica da concludere, quel lavoro per riordinare la cantina, o addirittura, quell'iniziativa con la quale comincieresti a cambiar vita, ma rimandi, non ti piaci, stai male e più stai male più l'ansia, il senso di colpa e il disordine aumentano.

Se ti sei riconosciuta/o un po' in questa descrizione, se almeno in parte ti rappresenta, sappi che occorre innanzi tutto cambiare nome al tuo problema: non sei **"pigra/o"**

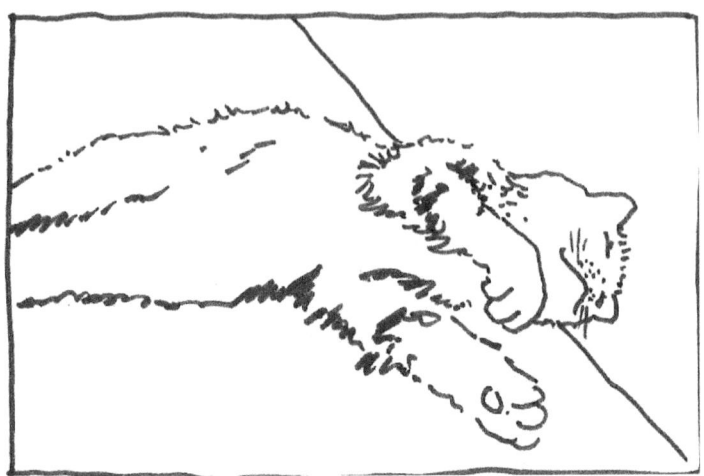

MA:

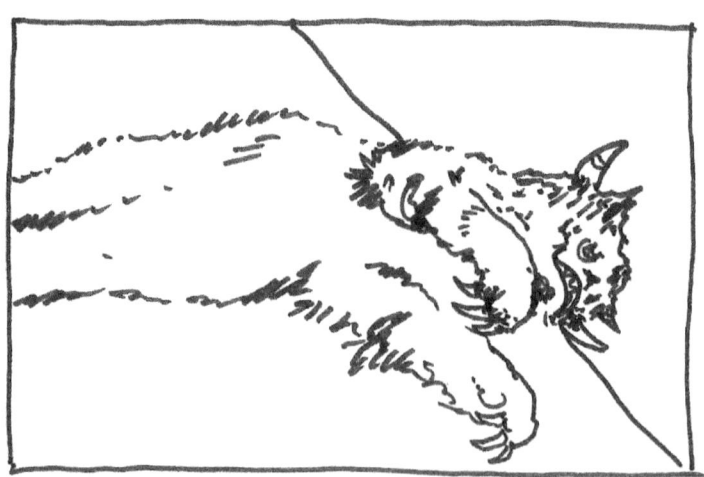

temi che essere pigri sia un male.

Ed è questa convinzione che ti rovina la vita e **ti fa essere ancora più pigra/o.** Incredibile e paradossale, vero?

In queste pagine capirai come funziona questo micidiale meccanismo. E naturalmente ti verrà spiegato come evitarlo.

Informazione chiave n. 1: Il tuo problema non è che sei pigra/o, ma che temi che essere pigri sia un male!

Per ora metti questa informazione-chiave da parte.
Più tardi la riprenderemo.

Ripercorriamo ora la storia generale della tua pigrizia.
1) Non sei **nata/o** pigra/o, così come non sei nata/o conoscendo la tua lingua madre.
2) Hai **appreso** ad esserlo, così come hai appreso la tua lingua.

L'hai appresa per relazionarti con gli altri, per poter sopravvivere in questo mondo.

Ora attenzione:

3) Allo stesso modo, proprio allo stesso modo col quale hai appreso la tua lingua, hai appreso ad essere pigra/o. Per cavartela in questo mondo e nel rapporto con gli altri.

Ne hai avuto bisogno.

L'hai trovato utile.

Ma probabilmente ora ti chiederai: "In che modo esser pigri può essere ritenuta una cosa utile?" Vediamolo più da vicino con qualche esempio.

Dopo ogni esempio sarà proposto un esercizio, ti suggerisco caldamente di fermarti e di eseguirlo.

Esempio n. 1

Michela ha sei anni.

In casa sua si curano poco di lei, a suo parere la cosa più importante per i suoi genitori è che lei impari a tenere in ordine la cesta dei giochi. L'indifferenza che vige in famiglia nei suoi confronti viene rotta solo dai toni di rimprovero di quando il papà o la mamma entrando nella sua cameretta vedono i giochi sparsi su tutto il pavimento.

E' proprio Michela a confessarmi nel mio studio che a lei questa attenzione piace, certo costa un duro prezzo.

L'attenzione che riceve è espressa con toni di rimprovero e con occhiate esasperate, ma è meglio che niente. Michela ora (o meglio, il suo inconscio, che apprende in fretta) sa come ottenere l'attenzione dei genitori: la sua cameretta sarà sempre in disordine.

Più i genitori si mostrano sensibili e attenti all'ordine, più il problema si gonfia a loro insaputa, essi infatti stanno facendo il "gioco" della bambina: quello che per i genitori è un problema, per la bambina è una formidabile competenza, è così che ottiene la loro attenzione.

Chiedere che la cameretta dei figli sia lasciata in ordine fa parte del senso comune, dei saperi condivisi, delle regole, della normalità. Ma è proprio sul terreno del senso comune che nascono e si alimentano i problemi della nostra vita.

Esercizio n. 1

Riesci a ricordare qualche episodio della tua infanzia nel quale ottenevi l'attenzione dei genitori o comunque degli adulti importanti per te con atteggiamenti un po' trasgressivi? Per esempio: mostrare il broncio davanti a espressioni di affetto, fare lunghi capricci, rompere giocattoli o oggetti di casa... Elenca sul tuo quaderno questi episodi o questi tuoi modi per ottenere attenzione, sotto il titolo di "**Strategie per ottenere attenzione**"

Esempio n. 2

Andrea ha appena finito le scuole superiori. Non è mai stato un "secchione", ma se l'è sempre cavata. Una sua insicurezza di fondo è stata abilmente nascosta negli anni del liceo per difendere l'immagine di ragazzo intelligente. Un'immagine guadagnata grazie a due o tre occasioni fortunate. L'esame di maturità è stato passato decentemente, con una media né alta né bassa.

Nessuno l'ha mai visto sacrificarsi troppo sui libri, e ciò ha alimentato nel suo pubblico (i genitori, gli amici) l'idea che lui sia un ragazzo intelligente, al quale basta poco per capire in fretta il nocciolo delle questioni e fare bella figura.

Andrea ora deve scegliere l'università. Si informa con gli amici, frequenta incontri di orientamento e alla fine decide: chiederà ai suoi genitori di iscriverlo ad una prestigiosa università della sua regione.

L'inizio non è facilissimo: ambiente nuovo, regole nuove, solidarietà fra studenti assai diversa da quella vissuta nella scuola precedente. Andrea si cimenta con un piano di studio nel quale sono previsti esami molto difficili ed esami più leggeri.

Inizia con questi.

I primi voti, ventitré, venticinque, sono ottenuti senza fare massacranti nottate sui libri.

Ma Andrea sa che non sarà sempre così, arriveranno anche gli esami "barriera", quelli che richiedono più tentativi, ha conosciuto compagni di studio che hanno dato un certo esame per otto volte senza mai riuscire a superarlo.

E ora che è giunto il tempo di dare proprio uno di quegli

esami, le cose cambiano. Non basteranno cinque o sei giorni di impegno leggero, qui occorreranno due mesi.

Andrea dedica un intero pomeriggio a fare programmi: divide il materiale da studiare in settimane, prevede un impegno di cinque ore al giorno di studio per almeno sessanta giorni. Si pone poi altre regole: niente serate con gli amici e niente discoteca con ritorno a casa all'alba.

Dall'indomani il progetto di studio viene messo in atto con vistosa diligenza, e per circa un mese il nostro studente stupirà genitori e amici con la sua costanza, il suo impegno e la sua serietà.

La famiglia ne è entusiasta. Il futuro si preannuncia roseo, la mamma lo vede già dirigente d'azienda felice e "arrivato".

Ma a un mese dall'esame tutto cambia. Accade l'imprevedibile. I libri vengono richiusi. Il foglio col programma di studio è strappato dalla parete sulla quale era affisso. Mostrando atteggiamenti oppositivi e irritanti Andrea rompe ogni regola precedentemente stabilita con se stesso. Iniziano le notti fuori con gli amici, le bevute eccessive, i rientri in casa mattutini.

Le occhiaie, il pallore del viso e le mani tremanti testimoniano le sue trasgressioni. I libri di studio vengono ignorati, il disordine sul suo tavolo raggiunge il culmine.

I genitori lo osservano sconvolti e si chiedono chi mai abbia incontrato per ridursi così. Giunge in questo modo il giorno dell'esame. Andrea, incredibilmente, ci va. E viene ovviamente bocciato.
Alla notizia si alza il coro degli amici e dei parenti.
I genitori: Oddio, cosa gli starà succedendo? È un ragazzo intelligente, potrebbe fare quello che vuole,

potrebbe avere tutti trenta eppure si distrugge con le sue mani... forse deve mettere ordine nella sua vita... Gli amici: Andrea ha fatto un casino... mi sa che ha deciso che non studia più... peccato però. È uno che ce la poteva fare... Quando Andrea sente questi commenti sorride soddisfatto...

Esercizio n. 2
Cerca ora tu di rispondere per iscritto alla domanda prima di riprendere la lettura.
Perché questo ragazzo sorride soddisfatto?

...Il nostro studente un mese prima, guardandosi riflesso sul vetro che ricopre il piano della sua scrivania si è detto:"Vuoi vedere che qui mi vedono studiare per cinque ore al giorno, vedono che non frequento gli amici, che ce la metto tutta e poi all'esame mi va male? Cosa penserebbero allora?
Mi terrorizza solo il pensarci, direbbero che ce l'ho messa tutta, ma che non ce l'ho fatta, che lo studio non fa per me... che non sono... abbastanza... mio Dio... intelligente!"
Ognuno di noi possiede una scala di valori. Per Andrea apparire intelligente è sempre stato un obiettivo al sommo della sua scala di valori.
Così ora va salvata la convinzione degli altri che lui sia un ragazzo intelligente. Lo sciocco mito del genio sregolato gli viene incontro: **se dimostra di esser lui a non voler riuscire**, per quella strana mania di autodistruzione tipica dei geni, Andrea salverà la fama della sua intelligenza, rischierà perfino di sembrare un

genio.

Ovviamente sregolato, ma genio.

Ed è infatti ciò che ottiene con i commenti di genitori e amici. Per questo sorride, soddisfatto. L'intelligenza è salva.

Quanto si è discostata la tua risposta scritta dalla spiegazione che hai letto qui sopra? Se il senso era lo stesso significa che stai procedendo molto bene. Se la risposta era invece completamente diversa la spiegazione è che forse hai trovato delle ragioni altrettanto valide delle mie, ma ti suggerisco ugualmente di capire a fondo l'esempio appena letto. Esso è infatti utile per poter leggere con coerenza il seguito di queste pagine e farle fruttare al meglio.

Informazione chiave n. 2: La pigrizia è una competenza appresa in un tempo o in un contesto nei quali essa ci era parsa utile.

Esercizio n. 3

Ora dimentica il nostro studente e pensa a te, rispondere alla prossima domanda richiede un po' di impegno. E' infatti una domanda strana, che probabilmente nessuno ti avrà mai fatto (a meno che tu non abbia seguito in questi anni i miei corsi).

Ed è una domanda che ti verrà fatta di nuovo verso la fine di questo libro, relativamente ad altri contenuti.

La domanda è:

che cosa ti accadrebbe di sgradevole se smettessi di essere pigro?

Prenditi tutto il tempo che ti occorre, anche più giorni. La riposta a questa domanda è fondamentale per capirti meglio e proseguire il lavoro su queste pagine. Attenzione alle parole della domanda: che cosa ti accadrebbe di sgradevole, non di bello!

Esempio n. 3

E' idea corrente che gli esseri umani siano condizionati nella loro vita da ciò che hanno incontrato, vissuto, provato nel corso della loro esistenza, e che quindi sia il nostro passato a spingerci nel compiere le nostre azioni, quasi fossimo dei robot e ci mancasse la possibilità di scegliere.

Potremmo riassumere questa teoria, molto diffusa nel senso comune, con questo disegno.

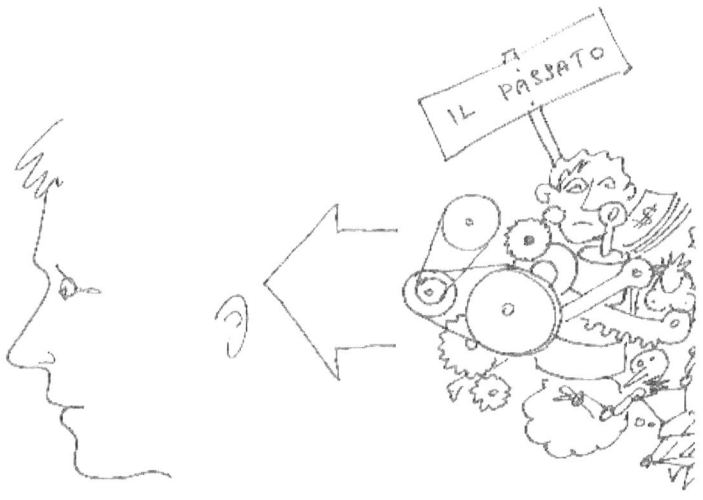

Una visone più moderna e più approfondita ci spiega però le cose in modo diverso e assai più utile: **Anziché essere condizionati dal nostro passato, noi, esseri umani, siamo fortemente condizionati dalle nostre aspettative sul futuro.**

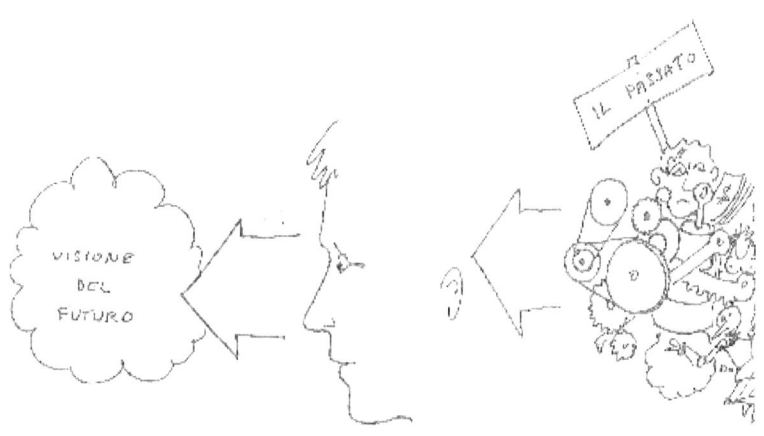

Ciò che ci attrae nel nostro futuro è una visione, un progetto, un traguardo, messo a punto ovviamente sempre da noi. Ora, dove troviamo i "mattoni" per mettere a punto questa costruzione, questa visione futura? Sempre nel nostro passato naturalmente, ma non in modo meccanico come si credeva fino a pochi decennia fa.

I mattoni dei nostri progetti futuri li SELEZIONIAMO nel nostro passato, facciamo cioè delle scelte, andiamo a prendere gli eventi, gli episodi, gli incontri che secondo noi sono più significativi.

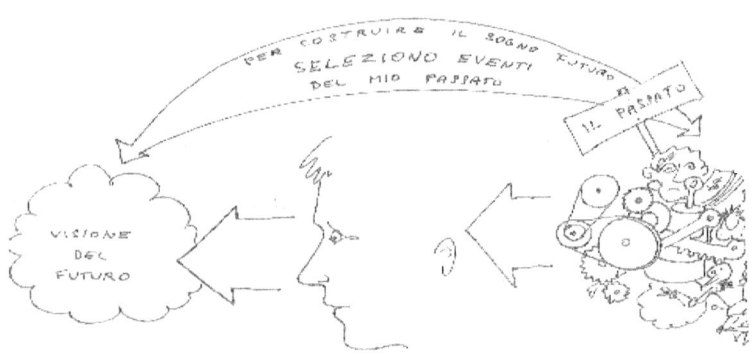

Lo facciamo seguendo uno stile che abbiamo messo a punto nel tempo. Supponete infatti che il nostro essere umano sia un grande ottimista. Egli andrà a selezionare nel suo passato soprattutto le volte in cui ce l'ha fatta! Le volte nelle quali ha ottenuto dei successi ed è stato fortunato, le volte nelle quali gli amici lo hanno aiutato, ecc. Non è difficile immaginare che se utilizzo mattoni simili per costruire il mio progetto di vita, andrò verso di esso con invidiabile serenità e allegria. Ma supponete invece che il nostro amico sia un inguaribile pessimista.

Accadrà esattamente il contrario. Tutto ciò che gli parrà significativo nel suo passato saranno le sconfitte, le batoste, i tradimenti, i colpi di sfortuna.

E se è con questi mattoni che egli costruirà il suo progetto di vita non c'e da stupirsi se davanti ad esso si fermerà, si bloccherà. Questa è l'origine delle forme più pesanti ed estreme di pigrizia. (Qualcuno la chiamerebbe "depressione", pur di vendere antidepressivi. Non cascateci!)

Come vedete ci sono buone ragioni a volte per decidere di fermarsi nella vita e di essere costantemente pigri.

Informazione chiave n. 3: Non siamo spinti ad agire dal nostro passato, ma dalle nostre anticipazioni sul futuro.

Esercizio n. 4
Verifica della parte teorica

Questa è una verifica, come quelle che si fanno a scuola, ti prego di scusarmi se mi permetto tanto, ma capire a fondo la teoria appena enunciata è davvero importante per proseguire il nostro lavoro di cambiamento. Ti farò una serie di domande con una terna di risposte date, delle quali solo una è quella giusta, proprio come nei quiz per la patente. Alla fine di questo libro troverai le soluzioni esatte.

Va da sé che ti suggerisco di non barare, sbirciando le soluzioni. Qui nessuno ti dà dei voti. Gli altri esercizi di ripasso di una teoria dovranno essere eseguiti in questo modo.

Scegli dunque per ogni quesito una delle tre risposte.

La teoria più corrente, quella di senso comune, che cerca di spiegare il nostro comportamento dice:

1) Compiamo le nostre azioni perché obbligati a farlo dalle leggi e dalle regole della società.

2) Compiamo le nostre azioni perché l'insieme di traumi ed eventi del nostro passato ci ha condizionato.

3) Compiamo le nostre azioni perché abbiamo in mente un nostro progetto di vita.

Una delle teorie più moderne afferma che nel futuro...

4) Sta un destino già scritto.

5) Sta, più o meno delineato, un nostro progetto di vita.

6) Sta il pericolo dei sentieri sconosciuti.

Il nostro passato...

7) Ci condiziona.

8) E' l'insieme di ciò che è ormai perso e irrecuperabile.

9) E' il serbatoio nel quale scegliamo gli elementi e i dati per confezionare il nostro progetto di vita.

Lo stile col quale mettiamo a punto i nostri progetti di vita...

10) E' legato al nostro DNA, è parte del carattere e non possiamo liberarcene.

11) E' qualcosa che si modifica, si rafforza o indebolisce nel tempo, e può cambiare.

12) E' una competenza tipica delle persone più dotate e creative.

Lo stare fermi nella vita dipende...

13) Dal nostro destino, che da qualche parte è già

scritto.

14) Dalle nostre caratteristiche, che ci portiamo dietro dalla nascita.

15) Dallo stile col quale si mette a punto il nostro progetto di vita.

Un progetto di vita è...

16) Un impegno preso con se stessi dal quale non ci si può discostare.

17) La visione di ciò che c'è là in fondo, all'altezza del traguardo.

18) Un patto fatto davanti agli altri presi come testimoni.

Ora vorrei darti qualche notizia sul fatto che ciò che tu ritieni un tuo "problema", magari legato al tuo DNA, è invece qualcosa di molto meno stabile.

Il termine "pigrizia", associato al vizio di chi non ha voglia di lavorare (nell'epoca nella quale il tempo è denaro) era usato in passato in altro modo e gli si dava un altro significato. Per esempio per gli antichi romani indicava il difetto di chi non se la sentiva di andare in guerra (allora c'erano gli schiavi, non c'era gente "pagata a ore" e il tempo quindi non era denaro).

Ciò significa che i problemi cambiano come cambiano significato le parole. Ciò significa che molti problemi non hanno a che fare col nostro DNA (immutato da migliaia d'anni), ma con la nostra società e la nostra cultura che sono in rapido cambiamento.

Abbiamo insomma i problemi adatti al nostro tempo.

Non a caso infatti molti studiosi affermano che i nostri problemi sono competenze messe a punto per sopravvivere nel nostro mondo. Lo diceva, a modo suo, anche il vecchio Freud.

La pigrizia è quindi un problema dei nostri tempi, solo oggi essa appare un terribile difetto. Nei secoli moderni, dal Settecento ad oggi, essa appare anche madre degli sprechi.

È solo in questi secoli infatti che "il tempo è denaro".

La sofferenza del pigro, come la intendiamo oggi, è quindi una sofferenza tipica dei nostri tempi, è cultura, non malattia.

Informazione chiave n. 4: La pigrizia è un problema legato al nostro tempo e alla nostra cultura, non è una "malattia".

Esercizio n. 5
Verifica della parte teorica

Ciò che tu sei oggi è dovuto...
1) A ciò che hai ereditato dai tuoi genitori.
2) A come ti sei costruito nella tua vita.
3) A un destino già scritto.

La pigrizia...
4) E' un difetto che gli esseri umani hanno da sempre, fin dalla preistoria.
5) E' un'espressione il cui significato cambia nella storia.
6) Una sorta di malattia genetica.

Per gli antichi Romani il pigro era...
7) Il fannullone.

8) Il fifone.
9) Il ricco amante dell'ozio.

L'espressione "Non perdere tempo" è...
10) Tipica di ogni tempo.
11) Tipica dell'età industriale.
12) Tipica delle culture di tutto il mondo.

I problemi sono...
13) Tegole che ci cadono in testa.
14) Situazioni che paiono più o meno gravi a seconda dell'epoca nella quale si presentano.
15) Quesiti da affrontare con carta, penna e una buona dose di logica.

I problemi sono...
16) Competenze o strumenti messi a punto per evitare o ottenere qualcosa.
17) La nostra condanna.
18) Ciò che si incontra a seconda che si nasca più o meno fortunati.

Soffriamo per la nostra pigrizia a causa...
19) Della nostra formazione culturale.
20) Del fatto che ci rendiamo conto che siamo fatti male.
21) Del fatto che è una malattia incurabile.

RIEPILOGO DEL PRIMO GIORNO

Informazione chiave n. 1: Il tuo problema non è che sei pigra/o, ma che temi che essere pigri sia un male!

Informazione chiave n. 2: La pigrizia è una competenza appresa in un tempo o in un contesto
nei quali essa ci era parsa utile.

Informazione chiave n. 3: Non siamo spinti ad agire dal nostro passato, ma dalle nostre
anticipazioni sul futuro.

Informazione chiave n. 4: La pigrizia è un problema legato al nostro tempo e alla nostra cultura, non è una malattia.

4 SECONDO GIORNO: COME TI INCAMMINERAI VERSO LA NORMALITA' DEL FARE

All'inizio di questo libro ti ho proposto una analogia fra la tua pigrizia appresa e la tua lingua madre, ricordi?

L'esempio però, a questo punto, va riadattato perché non è più del tutto calzante, infatti la tua lingua ti appare ancora molto utile mentre la pigrizia ti sembra un terribile difetto.

Questo accade perché utilizzi la **risorsa** "pigrizia" a sproposito.

Vediamo meglio.

Conosci ovviamente la tua lingua madre, ma che cosa accadrebbe se ti piccassi di parlarla anche in un paese straniero dove nessuno la parla?

Non c'è dubbio che percepiresti un forte disagio, ti sentiresti diversa/o, incapace di relazionarti agli altri, inadatta/o a seguire regole sociali che paiono ovvie a chi ti sta intorno, ti sentiresti disadattata/o, sola/o e infelice.

Staresti infatti utilizzando una grande risorsa, la conoscenza della tua lingua… a sproposito.

Potresti così arrivare perfino a maledire la tua lingua.

Bene, questo è un po' quello che accade a noi tutti quando sentiamo di avere un problema.

Esempio n. 4

Pensa alle persone che arrossiscono in pubblico. Parlano di ciò come di un grosso loro problema, ma un tempo questo sofisticato apprendimento fu loro molto utile: un papà sta stirando una camicia. A pochi metri da lui, nella sua culla, il neonato inizia a piagnucolare. Il papà si avvicina, vede che non sta accadendo nulla di grave, inoltre l'ha appena cambiato, e riprende tranquillo a stirare.

Per qualche minuto si distrae, stirando meccanicamente, assorto dai suoi pensieri, ma quando si volta verso il piccolo vede che è ormai diventato paonazzo dal piangere. Si batte allora una mano sulla fronte dandosi dello sciocco, lascia il ferro e prende in braccio il piccolo, che si calma.

Immagina una scena simile a questa ripetuta qualche volta nei primi mesi di vita di quel bambino. Che cosa avrà imparato il piccolo da quegli eventi? Che per ottenere sicurezza e coccole è sufficiente arrossire. Lui non sa naturalmente come lo fa, ma lo sa fare. Custodirà questa competenza profonda negli anni, la porterà con sé come grande risorsa. Poi un giorno, molti anni dopo, il bambino, ormai divenuto un ragazzo, si trova in una situazione difficile con i suoi compagni di gioco o di fronte a un adulto, avrà bisogno di sostegno e di aiuto... ed ecco che arriva puntuale la vecchia risorsa.

Ma ormai non è più una risorsa, il ragazzo si sente ardere il volto, si accorge di arrossire, nota lo sguardo divertito dei suoi compagni e... sente di avere un problema.

La vecchia risorsa si è trasformata in problema. Ora essa, senza controllo, si mostra quando non occorre si mostri. Più diventa un problema, più tende a mostrarsi nei momenti meno opportuni.
Esattamente quello che fai con la tua pigrizia.

Informazione chiave n. 5: Ciò che nella nostra infanzia o adolescenza è stato appreso perché utile, può rivelarsi un grosso guaio in altre fasi della vita e in altri contesti.

Dobbiamo quindi, ora, ricostruire insieme le ragioni della tua pigrizia, per imparare ad apprezzarla, ad amarla come antica risorsa, e a utilizzarla oggi solo quando ti è utile.

Esercizio n. 6
Verifica della parte teorica.

Nell'esempio che hai appena letto, il rossore è dovuto a...
1) Una tua debolezza del carattere.
2) Una tua competenza.
3) Una sorta di aggressione da parte degli altri.

Le competenze acquisite per sopravvivere nel nostro mondo...
4) Tendono ad essere dimenticate in fretta.
5) Tendono a restare per lunghissimo tempo.
6) Sono sempre utili.

Le risorse che possediamo si possono trasformare in problema quando...
7) Vengono utilizzate troppo raramente.
8) Il contesto nel quale le hai apprese non c'è più.
9) Sono cariche di violenza.

La pigrizia è stata messa a punto perché...
10) Un tempo era una risorsa.
11) Ti è stata instillata dalle cattive compagnie.
12) Sei stata/o privata/o dell'affetto dei genitori

Esercizio n. 7
Ci sono difficoltà inspiegabili nella tua vita? (rossore, timidezza ecc,). Elencali sul tuo quaderno, sotto il titolo: **antichi apprendimenti**

Esercizio n. 8

Elenca su un foglio le eventuali occasioni nelle quali la tua pigrizia ti è stata utile. Non preoccuparti se non ti viene in mente nulla, può darsi che tu abbia scoperto la sua utilità nella prima infanzia, in tal caso è normale che tu non ricordi nulla di quel tempo. Se invece ricordi qualcosa, allora scrivilo. Prenditi il tempo necessario per ricordare con calma.

Sapere che la tua pigrizia non è un difetto innato, ma una risorsa messa a punto in passato (a volte in un lontanissimo passato) per stare meglio al mondo, dovrebbe aver già fatto sì che la tua mente inconscia, rivedendo le cose in modo un po'più positivo, abbia dato un nuovo impulso alla tua autostima. Ma questo ancora non basta. C'è infatti da capire e da fare altro.

Riassumendo:

1) Ad essere pigri si apprende.
2) Lo si fa per ragioni serie.
3) Quindi la pigrizia nasce come risorsa, non come problema.
4) Col tempo, essendo cambiate le cose della nostra vita, essa diventa un problema.

Ora dovremo riprendere quella informazione chiave, quella idea preziosa, che poche pagine fa abbiamo messo in deposito.

È la paura di essere pigri che vi fa fare i pigri!

Ti invito ora ad una lettura lenta e meditata. I concetti che verranno espressi non sono infatti per nulla facili o intuitivi.

Gli esercizi che ti verranno proposti ti saranno però

molto utili.

Perché temere, disprezzare la nostra pigrizia ci fa essere pigri?

Per capirlo occorre fare un percorso simile a quello che abbiamo seguito per mostrare che la pigrizia non nasce con noi, ma viene appresa.

Ora dobbiamo infatti vedere e capire come si apprende a disprezzarla. Ma dovremo spendere qualche parola su cosa significa apprendere.

Quando si impara la lingua madre? Nei primi anni di vita.

Si tratta di un apprendimento profondo. Si apprende, si dimentica come si è appreso e non lo si scorda più.

La bicicletta è una buona analogia. Si apprende ad andarci in tenera età, poi la si può abbandonare anche per molti anni, ma quando la si riprende, meraviglia! Ricordiamo ancora come si fa! Se però provate a spiegare a un bambino come si fa… non ci riuscite e siete obbligati a dirgli "Prova!" Si è profondamente appreso solo ciò… che si è dimenticato, o meglio: avrai appreso profondamente un certo "fare" quando avrai dimenticato il modo col quale l'hai appreso.

La tenera età è l'età degli apprendimenti profondi.

Non si smette mai di imparare, certo, ma quei primi apprendimenti entrano in noi come la nostra lingua, si fondono in noi e diventano parte della nostra natura.

Vengono poi utilizzati in modo automatico, che equivale a dire che vengono utilizzati in modo inconsapevole.

Noi non sappiamo bene, oggi, da adulti, come si fa ad

andare in bicicletta. Semplicemente ci andiamo. Ricordate i giorni della vostra iniziazione alla guida dell'auto? I muscoli delle gambe indolenziti per la tensione, il pensiero teso a ricordare i movimenti relativi a freno, frizione, acceleratore, qualche volta il vostro sguardo scendeva addirittura ai pedali per vedere quale stavate premendo. Poi si impara. E si dimentica quello che si fa. Oggi guidate la vostra auto nel traffico cittadino cambiando le marce automaticamente e pensando ad altro.

Quegli apprendimenti sono così profondi da divenire automatizzati.

Nelle arti marziali l'obiettivo da raggiungere è proprio questo, fare per mesi e per anni gli stessi esercizi affinché la ripetizione li renda automatici e si giunga al punto di mettere in atto le nostre mosse in modo inconsapevole. "Non pensare", dicono i maestri delle arti marziali ai loro discepoli, la spada si muoverà da sé, saprà cosa fare... se naturalmente hai acquisito l'apprendimento profondo.

Grande cosa quindi l'apprendimento profondo.

Ma tutto ha un prezzo.

Ciò che si è appreso in modo profondo non lo si può dimenticare.

Detto in altro modo: non lo si può controllare.

Una prova? Bene. Se non conoscete a fondo altre lingue provate per qualche minuto a "pensare" evitando di utilizzare la vostra lingua madre.

Già.

Non è possibile pensare senza utilizzare la vostra lingua.

Questo è il prezzo.

Informazione chiave n. 6: Ciò che si è appreso in profondità diventa un automatismo incontrollabile.

Se avete imparato in profondità è molto difficile non utilizzare automaticamente quelle competenze.

E' molto probabile che abbiate imparato ad essere pigri in tenera età, ed è anche probabile che, negli anni seguenti, **abbiate imparato a disprezzare il fatto di essere pigri.**

Ricordate? Non si nasce pigri.

Allo stesso modo possiamo dire che **non si nasce con la paura di essere pigri** o col disprezzo per la pigrizia.

Lo si apprende.

E lo si apprende -anche in questo caso- **perché ci è utile apprenderlo.**

Così come si apprende la lingua madre, così come si apprende ad essere pigri.

Ti riporto qui sotto alcune fonti tipiche di questo apprendimento profondo:

Genitori:

"Non solo usi la casa come un albergo, ma riduci la tua camera a un porcile!"

"Non hai proprio voglia di far niente! Cosa combinerai nella vita?"

"Ma perché lasci sempre tutto in giro? Cosa ti costa raccogliere le calze e appoggiarle su una sedia?"

"Guarda che cucina... ma ti venisse in mente una volta di darmi una mano?!"

"Ma hai proprio la spina dorsale di vetro!"

"Non c'è pericolo che sposti un bicchiere!"

"Guarda come vai in giro... non ti vergogni?"

"Impara a rifarti il letto o niente televisione."
"Stai composta/o a tavola!"
"Ti rendi conto di come hai lasciato il bagno?"
"Ma come fai a raccapezzarti su questo tavolo?"
"Niente, non ci metti un minimo di buona volontà."
"Come sei pigro, accidenti!"

Insegnanti:
"Il compito potrebbe anche essere corretto, ma è in un tale disordine, è fatto con tale svogliatezza che neanche mi ci metto".
(In consiglio di classe) "Ha sempre un'aria così sciatta... è un ragazzo pigro".
Prof. di educazione fisica: "E questo per voi sarebbe correre? Muoversi!"
Prof :"Cinque"
Studente : "Perché?"
Prof: "Foglio in disordine, hai fatto il lavoro in modo svogliato"
Prof.: "Cinque"
Studente : "Perché?"
Prof. : "Esposizione pigra"

Gente comune.
"Una volta sono entrata in casa sua... dio mio, un caos!"
"E' un tipo un po' pigro".
"E' pigra, se ne accorgerà quando troverà il marito... se lo trova".
(Su una tavoletta di ceramica in una pizzeria) "L'ordine è pane, il disordine è fame".
(Cittadini, davanti a lavori stradali in corso da lungo

tempo) "Guarda che roba, che disordine, ma quando lavorano?"

"Sono mesi che non fanno niente!"

"Non c'è niente da fare, pigri si nasce".

Esercizio n. 9

Metti in moto i tuoi ricordi, scrivi su un foglio gli episodi nei quali hai lentamente o velocemente imparato che la pigrizia è una brutta cosa, cerca nei tuoi ricordi in famiglia, a scuola, nei rapporti con gli amici, ecc.

Ti aiuterò elencandoti una serie di contesti tipici della vita di tutti noi. Per ogni contesto prova a ricordare...

infanzia

scuola materna

scuola elementare

scuola media

eventuale scuola superore

eventuale università

luogo di lavoro

famiglia

gruppo di amici

assemblea di condominio

bar

mercato

colloquio con insegnanti

letture

film

teatro

favole

i nonni

i genitori

gli zii

Informazione chiave n. 7: Così come si apprende ad essere pigri, allo stesso modo si apprende anche a disprezzare la pigrizia.

RIEPILOGO DEL SECONDO GIORNO

Informazione chiave n. 5: Ciò che nella nostra infanzia o adolescenza è stato appreso perché utile, può rivelarsi un grosso guaio in altre fasi della vita e in altri contesti.

Informazione chiave n. 6: Ciò che si è appreso in profondità diventa un automatismo incontrollabile.

Informazione chiave n. 7: Così come si apprende ad essere pigri, si apprende anche a disprezzare la pigrizia.

5 TERZO GIORNO: COME DA OGGI AFFRONTERAI IL PROBLEMA DI PETTO

Il disprezzo per la pigrizia è dunque qualcosa di appreso, esattamente come la pigrizia, ma ti manca ora un terzo passaggio, col quale sarà chiaro lo strano percorso che trasforma la pigrizia in problema.

Conoscendo questo passaggio potrai uscirne più facilmente.

In qualche modo hai anche appreso che aver paura di essere pigri, (cioè disprezzare la pigrizia) è cosa buona! Andar contro la pigrizia è sano, è giusto, è bello... è normale!

Chi non ha sentito da bambino o da ragazzo frasi come queste?

"Il lavoro mi pesa, ma lo faccio lo stesso".

"Credi forse che alla mattina io abbia voglia di alzarmi e di andare a lavorare? Ma lo faccio, perché questo va fatto!"

"Posso capire un bambino che dice di non volersi alzare dal letto, ma tu, alla tua età... non ti vergogni?"

Anche la saggezza popolare fa la sua parte con i proverbi: Aiutati che Dio ti aiuta.

Campar senza fatica è una voglia molto antica.

Se vuoi che la roba si faccia chiudi la bocca e muovi le braccia.

Esempio n. 5

Ci sono numerosi esempi di grandi personaggi che elogiano la lotta contro la pigrizia, questo è forse il più famoso.

Pare infatti che Vittorio Alfieri, così ci hanno insegnato a scuola, si facesse legare ad una sedia dal suo cameriere, dandogli ordine di non slegarlo per ore e che spesso ripetesse la famosa frase: "Volli, sempre volli, fortissimamente volli".

Esercizio n. 10

Ora, mettendo ancora in moto i tuoi ricordi, scrivi su un foglio gli episodi nei quali hai lentamente o velocemente imparato che il disprezzo per la pigrizia è una buona cosa, fai attenzione a non confonderti con l'esercizio precedente, NON E' LO STESSO ESERCIZIO, cerca nei tuoi ricordi in famiglia, a scuola, nei rapporti con gli amici, ecc.

Anche ora ti aiuterò elencandoti la stessa serie di contesti tipici della vita di tutti noi. Per ogni contesto prova a ricordare...

infanzia
scuola materna
scuola elementare
scuola media
eventuale scuola superiore
eventuale università
luogo di lavoro
famiglia
gruppo di amici
assemblea di condominio
bar
mercato
colloquio con insegnanti
letture
film
teatro
favole
i nonni
i genitori
gli zii

Informazione chiave n. 8: Essere severi contro la (propria e altrui) pigrizia è ritenuto normale e sano.

E ora stai a vedere che cosa accade…

Immagina che la pigrizia sia il tuo maggiore problema, che la mente vada sempre lì, che il tuo lamento sia monotematico. Immagina di dire a te stessa/o pressoché in continuazione: "Sono un pigro/a, il mio guaio è la pigrizia."

Perché ti dici questo?

Perché senti il bisogno di dirtelo?

Perché è questo il pensiero costante che ti riporta nella normalità, o meglio ti fa credere di riportartici?

Perché dirti questo è bello, ti fa sentire normale. Ti fa sentire scontenta/o di avere qualcosa che non è bene avere.

La normalità è la nostra massima aspirazione.

Ora te lo dirò in un altro modo:
Se il disprezzo per la pigrizia diviene per te uno dei fondamenti della tua normalità, allora occorre alimentarlo.

Se insomma essere scontenti della pigrizia significa essere normali, allora, per sentirsi normali, occorre che esista in continuazione quella cosa della quale si deve essere scontenti.

Quindi per poter essere normali occorre, costantemente, ESSERE PIGRI, per poi potersi opporre alla pigrizia, disprezzarla e farci sentire normali.

Insomma, se senti che disprezzare la pigrizia è bello, sano, normale... allora diventa doveroso (**anche se inconsapevole**) fare qualcosa per alimentare questo disprezzo e sentire che fai qualcosa di bello, sano, normale!

Niente di meglio che **continuare ad essere pigro/a**, per poi poter disprezzare la tua pigrizia e sentirti normale.

A questo punto ritengo possa essere chiaro il senso di una frase che andrebbe incisa sulle pareti di casa tua:
Certi problemi, come la pigrizia, si
alimentano quando si cerca di risolverli.

Informazione chiave n. 9: Se combattere la pigrizia è bello e sano, allora occorre avere sempre "quella cosa" contro la quale si mostra di combattere!

Esempio n. 6
La cosa era già nota al grande poeta Torquato Tasso:

Per sentirci bene, in quanto nemici della pigrizia, in quanto lottatori contro di essa, **dobbiamo prima metterla in atto**, così ci racchiudiamo all'interno di un circolo vizioso dal quale è estremamente difficile uscire:

"Voglio essere normale e buono, per farlo devo combattere la pigrizia, ma per combatterla occorre che essa ci sia, così, volendo non essere pigro sono obbligato ad esserlo."

In questo modo la pigrizia cessa di essere uno strumento messo a punto per sopravvivere nel nostro mondo, se utilizzata in modo intelligente, e diviene un veleno che si espande e inquina l'intera nostra vita.

Niente di meglio che essere pigri anche quando non occorre esserlo per sentirsi scontenti della pigrizia!

Per spaventarci della nostra pigrizia inopportuna.

E soddisfare il nostro bisogno di avere paura di essere pigri.

Si potrebbe dire che in fondo a questo percorso troviamo uno strano benessere, un benessere "malato": è avendo paura della pigrizia che soddisfo il **bisogno** di averne paura e che quindi raggiungo ciò di cui non posso fare a meno:

sto bene solo se sto male

Esercizio n. 11
Verifica della parte teorica
Quando vi dite: "Sono un pigro, questo è il mio problema", lo dite perché…
1) Avete l'impressione che sia giusto e normale dirlo.
2) Siete dei ribelli.
3) Non vi sopportate.

Sentirsi normali…
4) E' bello.
5) E' disgustoso.

6) E' infantile.

La tua pigrizia è...
7) Un apprendimento profondo messo a punto nella vostra infanzia e formazione.
8) Un danno ereditato da qualche parente.
9) Una risposta a un mondo che non vi piace.

Si può fare della pigrizia una virtù...

10) Odiandola per sentirsi normali.
11) Combattendola con tutte le vostre forze.
12) Godendovi tutta la vita il vostro far niente.

Il pigro si sente normale se...
13) Come fanno tutti disprezza la pigrizia.
14) Si cura con dei farmaci.
15) Riposa il più possibile.

Disprezzare la pigrizia è...
16) Bello e sano.
17) Una cosa ignobile.
18) Roba da razzisti.

Vivi la tua pigrizia per poi poterla...
19) Godere.
20) Combattere.
21) Insegnare.

Combattere la pigrizia è...
22) Sano.
23) Crudele.

24) Inutile.

La tua pigrizia occorre che ci sia affinché...
25) Tu possa combatterla e sentirti normale.
26) Tu possa accettarla e godertela.
27) Tu possa insegnarla alle persone che ami.

Il pigro che odia e combatte la propria pigrizia lo fa per...
28) Sentirsi normale.
29) Sentirsi male.
30) Perché ha paura di morire.

Per poterla combattere, occorre che la pigrizia...
31) Scompaia.
32) Ci sia.
33) Sia leggera.

Esercizio n. 12
Completa con le parole mancanti la frase riassuntiva della teoria:
Ho appreso la .... in modo profondo, probabilmente nella mia ....
Ora mi riesce difficile ...., ma posso ugualmente sentirmi .... odiandola. Ma se solo odiandola mi sento ...., allora occorre che la .... ci sia, affinché io possa odiarla!

Esempio n.7
Il processo, messo in atto anche in campi diversi dalla pigrizia, è noto: Byron, per esempio, il grande poeta inglese era vittima di violente febbri che lo prostravano

al punto che quando cessavano gli sembrava di rinascere. Ebbene, la sensazione di benessere di queste "rinascite" gli rendeva desiderabile ammalarsi di nuovo.

Esempio n. 8
Gerolamo Cardano, il grande matematico del Cinquecento scrive: "Cause di dolore, se non ne avea, io ne cercava per goder del piacere della cessazione del dolore, e perchè mi accorsi che quando non soffro, mi si sorprende un impeto così grave e molesto, che è peggiore d'ogni dolore."

Esempio n. 9

Io stesso ho avuto in terapia clienti che mi dicevano in modo lucido e franco: per stare bene devo stare male. Uno di questi oggi è un mio collaboratore e conduce con grande efficacia corsi per ragazzi svogliati, dal titolo: Studiare bene senza averne voglia.

Quindi:

1) Hai imparato a essere pigra/o perché ti serviva.
2) Hai imparato anche a disprezzare la pigrizia.
3) Hai imparato che disprezzare la pigrizia è una buona cosa, rende normali.
4) Sai che essere normale è assolutamente necessario.
5) Non puoi dimenticare la pigrizia perché l'hai imparata

in
profondità.
6) La utilizzi quindi per poterla disprezzare e sentirti
normale.

RIEPILOGO DEL TERZO GIORNO

Informazione chiave n. 8: Essere severi contro la (propria e altrui) pigrizia è ritenuto normale e sano.

Informazione chiave n. 9: Se combattere la pigrizia è bello e sano, allora occorre avere sempre "quella cosa" contro la quale si mostra di combattere!

6 QUARTO GIORNO: COME VIVRAI LA VITA SENZA SFORZO

Il nostro compito ora diventa questo: **Concederci la pigrizia necessaria, senza disprezzarla, affinché non si produca anche la pigrizia non necessaria.**
Ora dobbiamo aggredire il circolo vizioso che ti ho descritto utilizzando gli strumenti più efficaci che gli esseri umani posseggano: il linguaggio e la fantasia .

Esercizio n. 13
Attenzione: questo esercizio, fra il lavoro di preparazione e la sua fase pratica **ti impegnerà per qualche giorno**! Non saltarlo!
Pensa a un amico o ad un'amica particolarmente fidato/a, pensa mentalmente al suo nome. Se non hai amici simili inventane uno, un tuo amico ideale.
Siediti a un tavolo col tuo quaderno. Immagina di essere un attore, porti con te la tua pigrizia anche mentre reciti, non è facile per il pubblico accorgersene, ma tu lo sai.
Ora hai appena finito di recitare una lunga parte, impegnativa, faticosa. Il sipario si chiude.
In mezzo al pubblico c'è quel tuo amico o quella tua amica, ti ha osservato attentamente, ti conosce e non gli/le sfugge nulla di te. Appena il sipario si chiude questa persona amica prende un quaderno e inizia a

scrivere così. Invito anche te a scrivere questo inizio di frase:

"Secondo me (tuo nome) è stata/o..."

Ora devi immaginare di essere quella tua amica o quel tuo amico, e devi continuare a scrivere un breve articolo su di te, esattamente come se a scrivere fosse quella persona amica. Immagina che cosa scriverebbe, è una persona sincera, benevola nei tuoi confronti, è affidabile, ti scriverà la verità e non le/gli sfuggirà nulla, nemmeno quei piccoli segnali che indicano come tu sia vittima della pigrizia.
E ora scrivi.

....

....

Dopo avere scritto almeno una mezza pagina del tuo quaderno, fermati e rileggi il tutto sottolineando tutte quelle espressioni che fanno pensare a qualche difficoltà, difetto, carenza, ecc. Le puoi riconoscere facilmente, oltre che per il contenuto delle frasi, anche per l'uso di termini come "ma", "se", "però", ecc...
Ti riporto qui sotto un esempio (sceglierò, per non influenzarti, un argomento diverso dalla pigrizia e un po' generico):
Michele ha recitato abbastanza bene, ma si vedeva che era molto teso e a volte si aveva l'impressione che volesse terminare in fretta perché non ce la faceva più. In questo testo i punti che vanno sottolineati sono: Quel "*ma*" che prelude al fatto che si notava che fosse molto teso, e quel "*si aveva l'impressione*", che sta a indicare la sensazione di affanno e fretta che comunicava.

Infine, dai dati che raccogli con le tue sottolineature, tenta di scrivere una frase che ti descriva con chiarezza mentre "vivi" il tuo problema.

Nel caso del nostro Michele potremmo dire: *Michele è un emotivo, quando inizia qualcosa di importante per lui, le sue emozioni hanno il sopravvento. Inizia a lavorare in fretta e furia, quasi gli scappasse di mano l'obbiettivo da raggiungere. Paradossalmente, nel far così, commette errori, si scoraggia e non porta a termine il lavoro.*

Come vedi qui ti si richiede un po' di fantasia. Se però trovassi difficile svolgere questo compito potrai mandarmi il tuo testo via e-mail (ti comunico ora che ne hai acquisito il diritto acquistando questo libro) e ti aiuterò a scrivere quella frase sintesi del tuo problema.

Fase pratica dell'esercizio:
a) Hai scritto sul tuo quaderno la frase che ti descrive come portatore del problema pigrizia.
b) Ora sotto questa frase vorrei che ne scrivessi un'altra che ti descriva come invece vorresti essere.
Per restare all'esempio precedente, il nostro Michele potrebbe scrivere a questo punto:

Michele è una persona lucida, razionale e fredda.

Davanti a un compito nuovo e importante non si ubriaca d'entusiasmo, parte con ordine e metodo e ha in sé la certezza di arrivare fino in fondo. E lo fa.

c) Scrivine ora un'altra (abbi pazienza, ti assicuro che ti sarà utile), che corrisponda a una via di mezzo fra la prima frase e la seconda.
Restando ancora al nostro esempio, Michele ora potrebbe scrivere:

Michele sta lentamente diventando una persona lucida e razionale. Davanti a un compito nuovo e importante si ubriaca sempre meno d'entusiasmo, inizia a non essere finalmente vittima delle sue emozioni, parte con ordine e metodo e ha in sé molta più sicurezza di prima di arrivare fino in fondo. E spesso, anche se non sempre, lo fa.

d) Ora c'è la fase più importante, è questa che ti impegnerà per qualche giorno, l'ideale sarebbe una settimana. Leggi quindi con attenzione, impegnarti in questo compito potrà anche essere divertente.

Metti in moto tutte le tue qualità di attore, no, non schernirti, tutti lo siamo almeno un po', tanto è vero che siamo tutti bravissimi a recitare la nostra parte nella vita (bella o faticosa che sia).

Devi entrare nel personaggio descritto dalla tua ultima frase (quella che sta a metà fra come sei e come vorresti essere).

Non occorre che tu realmente ti senta quel personaggio, **ciò che ti chiedo è che tu lo reciti.**

L'attore che a teatro recita nella parte di Amleto probabilmente nella vita non si sente confuso e dubbioso come il personaggio che sta interpretando.

Chiedo la stessa cosa a te: recita, in pratica "fai", non cercare di "essere".

Dovrai recitare quella parte (te lo ricordo ancora, è la parte descritta dalla ultima frase) nei luoghi e nei contesti per te abituali: in famiglia, sul lavoro, nel gruppo di amici, a scuola ecc…

L'obbiettivo non è cambiare la tua vita, per ora , ma ottenere qualcosa di molto utile per iniziare i tuoi cambiamenti: ottieni che le persone che ti stanno intorno si accorgano di un tuo cambiamento.

Ovviamente non dovrai dire loro che stai recitando!

Come farai a capire che avranno notato un tuo cambiamento? Beh, te lo diranno, te lo faranno capire esprimendo stupore con lo sguardo, ecc... Insomma, se vogliono comunicartelo tu certamente lo capirai.

Se la cosa non accade entro una settimana allunga il tempo del tuo compito. Abbiamo bisogno di completare questa tappa.

Tutto quello che ti ho scritto qui dovrebbe esserti chiaro. In ogni caso ricorda che puoi chiedere ulteriori chiarimenti nella tua e-mail.

Informazione chiave n. 10: Se vuoi cambiare e diventare, per certi aspetti "altro", recita la parte come se già fossi almeno in parte quell'"altro".

Esercizio n. 14

Questo esercizio puoi farlo subito o nei giorni nei quali stai svolgendo il compito indicato nell'esercizio n. 13.

Il quesito che ti propongo è un cavallo di battaglia dei corsi **"Studiare bene senza averne voglia"**, e dato che quei corsi sono strutturati per combattere la pigrizia, farà benissimo anche a te, anche nel caso che tu non sia più uno studente, seguimi dunque: Questa è una automobile con due amici a bordo.

L'auto si ferma per un guasto. I due amici vedono che c'è un meccanico a cento metri di distanza e decidono di spingere la macchina, uno dei due quindi scende e inizia a spingere.

L'altro, con l'intenzione di aiutare il compagno, scende e inizia a spingere anche lui, ma...

Ovviamente, pur se i due amici spingono con tutte le loro forze, la macchina resta inchiodata al suo posto.
Ma, guarda bene, ti pare che i due amici siano pigri? Non vedi come sprizzano sudore? Come spingono con tutte le loro forze? Di tutto possiamo accusarli, ma non certo di essere pigri!
Il fatto, ovvio, è che spingono uno contro l'altro, e si ammazzano di fatica... inutile.
Bene, vorrei che tu traessi un lungo respiro e poi

guardassi con calma la metamorfosi di questa vignetta: ciò che accade a questi due amici somiglia in modo impressionante a ciò che accade nella testa dei cosiddetti "pigri":

Cioè a ciò che accade a te.

Conclusione: non c'è "pigrizia" in te, ma l'effetto di due forze che si scontrano. Da questo punto di vista tu stai lavorando molto più di una persona attiva, solo che il lavoro viene del tutto annullato, sprecato, dalle forze contrapposte.

Immagino che tu non stia provando una calda simpatia per quella parte che spinge contro. E' lei che ti frena, che ti fa stancare del fatto che non fai nulla (attività davvero dispendiosa, il non fare nulla, come hai visto in queste vignette).

Sbaglieresti però a prendertela con quella parte.

Si tratta infatti di una parte intelligente, una vera parte amica che ha solo l'intenzione di proteggerti.

Se vuoi puoi chiamarla anche il tuo "inconscio".

Ora ti chiedo ancora un piccolo impegno, siamo arrivati alla fine di questo esercizio e c'è da fare qualcosa:

Rispondi sul tuo quaderno a questa domanda: Quella parte che spinge contro lo fa perché è convinta che se ti lasciasse andare (essere attivo, ecc.) ti accadrebbe qualcosa di sgradevole.

Sì, hai capito bene: di sgradevole.

So che sei tentata/o di dirmi: "Ma io non credo che sia sgradevole diventare attivo, anzi, ne sarei felicissimo/a".

Ti freno. Quella parte che spinge contro è molto intelligente, non fa questa operazione per divertimento o solo per il gusto di ostacolarti: ti vuole difendere, quindi prendi la penna e impegnati a rispondere: **cosa accadrebbe di sgradevole se diventassi una persona attiva?**

Informazione chiave n. 11: La domanda più importante che dovresti porti quando hai un problema non è "Perché ho questo problema?", ma è invece: "Cosa accadrebbe di brutto se non avessi questo problema?"

Esercizio n. 15

Questo esercizio è in realtà solo una piccola verifica, una presa d'atto di ciò che ti è accaduto svolgendo l'esercizio n. 13, ricordi? La recita in mezzo al gruppo di persone a te vicine utilizzando come copione quella terza frase...

Hai fatto tutto? Qualcuno di chi ti stava intorno si è accorto dei tuoi cambiamenti?

Qualcuno te lo ha addirittura detto?

Se è così allora hai fatto un altro grande passo in avanti per suggerire al tuo inconscio una svolta nel tuo modo di vivere.

Non sforzarti di cambiare, ricorda, è l'inconscio che ci offre il permesso di cambiare e quando questo arriva il cambiamento diventa facile.

Esercizio n. 16

Questo esercizio si può chiamare anche "raccomandazione".

Ti raccomando infatti di operare una rapida revisione del tuo vocabolario. Ogni volta che ne parli con qualcuno oppure nel tuo dialogo interiore, inizia ad utilizzare l'espressione "diritto al riposo", anziché le parole "pigrizia, pigro, svogliatezza e simili".

Si tratta di un piccolo passo, ma fondamentale.

I linguisti parlano di connotazione quando si riferiscono alle sensazioni e ai significati destati dalle parole, così "sofferenza" ha una connotazione per lo più negativa, così come negativa è la connotazione di "disordine" e di "sregolatezza" e di "PIGRIZIA".

Basterebbe quindi chiamare la pigrizia in altro modo perché le sue connotazioni fossero meno funeste, chiamarla "diritto al riposo" può andar bene...

RIEPILOGO DEL QUARTO GIORNO

Informazione chiave n. 10: Se vuoicambiare e diventare, per certi aspetti, "altro", recita la parte come se già fossi almeno in parte quell'"altro".

Informazione chiave n. 11: La domanda più importante che dovresti porti quando hai un problema non è: "Perché ho questo problema?", ma è invece: "Cosa accadrebbe di brutto se non avessi questo problema?"

7 QUINTO GIORNO: COME DOMINERAI LE EMOZIONI

Lo stare male tocca il mondo misterioso delle emozioni.

Esempio n. 10

Darwin notò per primo che quando arrossiamo lo facciamo solo nella parte del volto e del collo visibili.

Abbiamo infatti appreso in modo inconsapevole (automatico) a mettere in atto una sorta di gestione economica della circolazione periferica del sangue.

Ad esprimere le emozioni, quindi si apprende.

Di innata c'è solo la possibilità di emozionarsi, come è innata, con le corde vocali, la nostra possibilità di parlare.

Non basta infatti muovere l'aria facendola vibrare in suoni casuali, occorre che i suoni vengano modulati in parole e che le parole siano riconoscibili, diventino parte di un linguaggio. Per vivere da umani occorre comunicare da umani.

E, allo stesso modo, occorre apprendere a comunicare le emozioni giuste al momento giusto.

Noi abbiamo appreso a gioire e a soffrire in determinati contesti. Sappiamo quando dobbiamo sentirci offesi, frustrati, angosciati eccetera. Ma dato che si tratta di apprendimenti profondi, non sappiamo come facciamo ad essere così puntuali nel mettere in pratica i nostri apprendimenti.

Eppure ciò che facciamo è davvero sofisticato: il contesto ha nelle nostre emozioni un'importanza enorme.

Informazione chiave n. 12: Le emozioni si apprendono, non sono innate!

Esempio n. 11

"Che scemo sei", ci dice ridendo un nostro caro amico che ci ascolta mentre ci lamentiamo per un nostro limite. E noi sentiamo, grazie alla parola "scemo", nientemeno, tutto il calore dell'amicizia.

Ma se a dirci "Scemo" è un nostro vicino durante l'assemblea di condominio, allora ci sentiremmo impallidire per l'indignazione.

E' quindi il contesto, il significato che hanno gli eventi, a dettare, a risvegliare le nostre emozioni. A contesto e a significato diverso corrispondono emozioni diverse.

Esempio n. 12

All'interno di un appartamento un anziano nonno per gioco procura un piccolo spavento al nipotino: si apposta dietro un angolo del corridoio di casa, e quando il bambino di quattro anni passa di lì, si affaccia di colpo emettendo il

classico -Buuu!- che fa fare al bambino un saltello di paura.

Ma subito dopo il piccolo si mette a ridere e contento del gioco propone al nonno di rifarlo. I due si riportano nelle posizioni iniziali, il tutto viene ripetuto, ma questa volta il bambino fa solo una felice risata, non c'è più paura.

Sarebbe sciocco dire che il bambino ha dominato la paura.

Egli ha invece mutato il significato dell'evento: prima accadeva qualcosa di imprevisto, improvviso e vagamente minaccioso, mentre ora il piccolo sa che il nonno tenterà di spaventarlo, ma la cosa risulterà impossibile: l'evento è mutato, ora significa altro, non c'è sorpresa, non c'è pericolo, il nonno è persona amica e sta giocando con lui.

Esempio n. 13

Sei su un treno, fermo alla stazione e in attesa della partenza. A un certo punto ti volti verso il finestrino e vedi che finalmente il tuo treno sta partendo. All'istante nasce in te quella piccola, particolare emozione che potremmo chiamare "emozione della partenza" e che di solito si accompagna a frasi tipo " finalmente!", o "siamo in orario!" ecc…

Ma un secondo dopo guardi meglio e ti accorgi di essere stato vittima, per l'ennesima volta, di un vecchio inganno della vista: non è il tuo treno ad essersi mosso, ma il treno di fianco. All'istante le tue emozioni cambiano, subentra quella piccola delusione che potremmo chiamare "emozione della non partenza".

Ciò che mi interessa mostrarti con questo esempio è che sei passato da una emozione all'altra senza alcuno sforzo: non hai dovuto "dominarti", o "stringere i pugni e contare fino a venti" o "mettere in atto il tuo autocontrollo". Non hai dovuto fare proprio nulla: il significato dell'evento è cambiato e, automaticamente, cambiano le tue emozioni!

Esempio n. 14

In una notte estiva di luna piena alcune famiglie con i relativi bambini passeggiano sulla spiaggia di una nota località balneare. Sulla sabbia pochi metri davanti a loro una grossa macchia nera inizia a frullare e a lenti cerchi si dirige sempre più verso di loro.

L'entità misteriosa terrorizza il gruppo. I bambini sentono i capelli drizzarsi in testa e vivono la sensazione nota della pelle d'oca.

Uno dei papà, coraggiosamente, mentre il gruppo è fermo avanza verso la macchia, la tocca con un bastone, si china a guardare e poi, voltato indietro verso gli altri comunica: "E' un pipistrello con un'ala spezzata". Immediatamente al terrore e alla pelle d'oca subentra un sentimento di pena.

L'oggetto misterioso ha cambiato significato e, di conseguenza, le emozioni del gruppo cambiano. Senza alcun sforzo, senza alcuna volontà di cambiare. Senza mettere in atto penosi esercizi di autocontrollo delle emozioni.

Le emozioni sono dunque un linguaggio adeguato a commentare in modo condiviso gli eventi della vita.

Ma gli eventi possono essere visti in più modi.

Cambia il modo, cambia l'emozione. **Se cambiano le parole che utilizzo per descrivere un evento, cambieranno, anche se di poco, le emozioni che associo a quell'evento.**

Dovremmo parlare di competenza emotiva piuttosto che di intelligenza emotiva.

Lo star male per la vostra pigrizia rientra nelle vostre competenze emotive. E' comunicazione.

Non è qualcosa messo a punto dal vostro DNA, ma un modo per mostrare a voi e agli altri che qualcosa non vi piace, che la vostra pigrizia non vi piace.

Se la vostra pigrizia cambiasse significato e vi sembrasse qualcosa d'altro, le vostre emozioni cambierebbero.

Da qui questa ulteriore tappa per il cambiamento.

Informazione chiave n. 13: Gli eventi sono associati a parole. Se cambia il termine usato cambia qualcosa della qualità del contesto. Un conto è dire "la vecchiaia è la fine della vita", altro è dire "la

vecchiaia è il dessert della vita."

Non sei pigra/o, ma sei tutto quello che abbiamo spiegato nelle pagine precedenti.

Sei cioè una persona che fino ad oggi ha messo in atto la pigrizia per ragioni serie, perché l'hai in passato appresa a fondo, perché il tuo inconscio la ritiene ancora un mezzo per evitare dei pericoli, perché ti sei abituata/o ad alimentarla per sentirti poi di criticartela ed apparire così a te stessa/o e agli altri normale.

Esercizio n. 17

Ricordi cosa per primo notò Darwin osservando le persone che arrossivano? Puoi riassumere brevemente il concetto sul tuo quaderno? Bastano una o due righe.

Esercizio n. 18
Verifica della parte teorica
Gli esseri umani nascono forniti delle corde vocali, quindi:

1) Sanno già parlare, basta che passi un po' di tempo, affinché le corde vocali si rinforzino e il gioco è fatto.

2) Occorre che apprendano a utilizzarle stando in mezzo agli altri e apprendendo il linguaggio.

3) E' come se nascessero già col dono della parola.

Gli esseri umani nascono già capaci di modificare il volto, le sensazioni interne, la gestualità, quindi:

4) Sanno già emozionarsi, basta che passi un po' di tempo e che le emozioni si stabilizzino e il gioco è fatto.

5) Gli esseri umani posseggono già le emozioni, ma non sanno di averle, con i bambini il lavoro da fare è "tirar fuori" le loro emozioni.

6) Occorre che vivendo insieme agli altri imparino a dare nomi e significati alle emozioni e a utilizzarle al momento giusto e nelle occasioni giuste.

L'apprendimento profondo di qualcosa ha come conseguenza che:
7) La cosa non sia più dimenticata.
8) Ci deve essere un costante "ripasso".
9) Sia impossibile fare cambiamenti.

Dire che si ha realmente appreso qualcosa solo quando la si dimentica significa che:
10) Siamo destinati a dimenticare tutto.
11) Sappiamo bene qualcosa quando abbiamo dimenticato il modo col quale l'abbiamo appresa e utilizziamo la conoscenza acquisita automaticamente.
12) Occorre sforzarsi di dimenticare.

Apprendiamo il linguaggio delle emozioni:
13) Stando in mezzo agli altri, accostando emozioni a contesti particolari, come fanno gli altri, condividendone quindi il linguaggio.
14) Ripetendo il più possibile le sensazioni emotive.
15) Perché è indispensabile apprendere l'autocontrollo.

Un evento può assumere diversi significati, quindi:
16) Le emozioni cambiano a seconda del significato che diamo a quell'evento.
17) Ciò che conta è che la nostra emozione resti stabile e non si lasci condizionare dal fatto che ciò che accade possa avere significati diversi
18) Bisogna fare in modo che gli eventi cambino il meno

possibile di significato

Se il termine "pigrizia" cambia significato:
19) Cambiano le nostre emozioni relative alla pigrizia.
20) Dobbiamo sempre sforzarci di provare per essa le stesse emozioni.
21) Devo lottare affinché tutti si condivida lo stesso significato.

Esercizio n. 19
Questo esercizio è in realtà una mia raccomandazione: Malgrado ti abbia suggerito di non utilizzare il termine pigrizia o simili, sono certo che ancora, per abitudine, qualche volta parlando con gli altri o nel tuo dialogo interiore, utilizzi i vecchi termini.

Ricorda allora:
E' molto meglio dire: comunico a me stesso e agli altri di essere pigro/pigra. Anziché dire "sono pigro/a" Le tue emozioni cambieranno, poiché l'oggetto che le susciterà sarà diverso.

Il mio trentennale lavoro nella scuola mi ha insegnato che gli studenti svogliati sono davvero convinti che i loro compagni "bravi a scuola" riescano a sforzarsi in un modo per loro irraggiungibile. Essi sono convinti di essere privi della volontà, così come si ritiene che a qualcuno manchi uno strumento necessario per il compimento di un lavoro.

Ma a loro non manca nulla, semplicemente comunicano, cioè fanno credere a se stessi e agli altri, di essere carenti di qualcosa.

I ragazzi "diligenti" non mettono in atto particolari sforzi per riuscire in quello che fanno. Essi sono infatti aiutati a vivere dalle emozioni "giuste".

Esempio n. 15

Sentono che è **normale** impegnarsi nello studio o nel lavoro, mentre quelli svogliati sentono che è **normale** disprezzare la pigrizia (e quindi se stessi).

Esempio n. 16

Si tratta di normalità diverse.

Queste due normalità hanno conseguenze diverse.

Diventare studenti (o lavoratori) diligenti e volonterosi non implica sforzo.

So bene che questa affermazione cozza violentemente contro secoli di buon senso.

Non fatevi ingannare dal cosiddetto buon senso, esso è

lo stesso sentimento condiviso che ha mandato sul rogo le streghe per secoli.

Dal 1994 conduco con un gruppo di collaboratori un corso per studenti pigri. Si tratta del corso "Studiare bene senza averne voglia" (Marco V. Masoni. Studiare bene senza averne voglia, Ed. Erickson, Trento). Esso potrebbe funzionare benissimo anche per adulti pigri.

Dopo il corso spesso gli studenti cambiano. Migliorano in alcune o in tutte le materie, si sentono diventare attivi. La cosa li stupisce perché, mi dicono, non ha richiesto particolari sforzi. Le cose pare cambino da sé.

Vi porto alcuni esempi di resoconto di studenti dopo quel corso:

Nella prima lezione abbiamo fatto tante cose che sembravano inutili, non ci credevamo molto che questo prof. ci facesse cambiare. Ora non so se sia stato il corso, ma vado molto meglio, sono più tranquilla: riesco a stare dei pomeriggi interi a studiare senza pensare che di fianco c'è la televisione. Non ho una insufficienza, prima ne avevo undici, e mia madre non sa mai se credermi quando torno e dico che ho preso un bel voto.

Antonella

Per lo studio non mi è servito: io accendo la playstation piuttosto che prendere in mano un libro. Però non sono più nervoso, ed è come se la mia mente si fosse aperta. Riesco a memorizzare di più, mentre prima potevo leggere una cosa dieci volte…

Raffaele

Non sono mai stato una cima, ma ora ho più sicurezza

nei miei mezzi e in me stesso, non ho l'ansia, sfrutto meglio il tempo
Primiano

Io sono un'emotiva, ho imparato a superare l'emotività, so affrontare meglio le situazioni difficili.
Isabella

Esempio n. 17

Ciò accade perché si sentono normali e accettati. Si sentono normali e accettati anche nella loro svogliatezza o pigrizia.

Esempio n. 18

Si sentono dire che il sentirsi svogliati è una attività che richiede sforzo, sensibilità, intelligenza. E che noi li apprezziamo per questo.

Esempio n. 19
E se si sentono apprezzati anche nel loro essere
pigri, la loro fatica di vivere da pigri... diminuisce.

Diminuisce il loro impegno per alimentare la pigrizia.

Se essi stessi iniziano ad apprezzarsi, trovando normale la loro pigrizia, diminuisce il loro impegno per alimentare la pigrizia.

Lo potete fare cambiando l'oggetto delle vostre emozioni: la persona che state osservando, cioè voi stessi, non è un pigro, ma qualcuno che comunica di esserlo.

Esempio n. 20

Diventano così meno pigri.

Lo sono solo quando serve.

Per riposarsi un po' nel corso di una vita attiva.

Esempio n. 21

Amati quindi, perdonati la tua pigrizia, ricorda che essa è comunicazione, non malattia. Parla di questo a figli, moglie, marito, genitori, amici.

Informazione chiave n. 14: Quando inizi a sentirti normale, e a sentire che è normale un po' di pigrizia, cessi di voler diventare normale... e la pigrizia cessa di essere alimentata.

E soprattutto...
DILLO A TE STESSO/A.

Informazione chiave n. 15: Accettare la tua pigrizia

(e quindi vederla automaticamente scendere), significa fare un grande passo nel processo di "accettarti". E' accettandoti che i problemi si scioglieranno come neve al sole.

Se hai fatto bene tutti gli esercizi, se mi hai seguito fin qui senza saltare pagine e senza fretta, l a t u a v i t a s t a g i à u n p o' c a m b i a n d o

Ti sarai accorto infatti che iniziando ad accettarti inizi ad accettare anche gli altri.

Generalmente infatti, in chi si sente fermo, incapace di progredire, incapace di portare avanti i propri progetti, si forma una sorta di astio, insofferenza, addirittura livore, nei confronti del prossimo che ...ce la fa.

Iniziando ad accettarti, anche il tuo prossimo viene visto sotto un'altra luce. Inizi a comprendere come la vita sia dura per tutti.

Inizi a sentire una sorta di limpida solidarietà per le persone con le quali entri più spesso in contatto.

Informazione chiave n. 16: E' solo accettandoti che riuscirai ad accettare gli altri e a creare intorno a te un clima di fiducia e serenità.

Apprendere bene il ragionamento seguito in questo libro ti farà cambiare. Cambiare significa infatti "apprendere". Apprendere altri punti di vista, per iniziare a costruire e a mettere in atto nuove competenze.

RIEPILOGO DEL QUINTO GIORNO

Informazione chiave n. 12: Le emozioni si apprendono, non sono innate!

Informazione chiave n. 13: Gli eventi sono associati a parole. Se cambia il termine usato cambia qualcosa della qualità del contesto. Un conto è dire "la vecchiaia è la fine della vita", altro è dire "la vecchiaia è il dessert della vita."

Informazione chiave n. 14: Quando inizi a sentirti normale, e a sentire che è normale un po'di pigrizia, cessi di voler diventare normale... e la pigrizia cessa di essere alimentata.

Informazione chiave n. 15: Accettare la tua pigrizia (e quindi vederla automaticamente scendere), significa fare un grande passo nel processo di "accettarti". E' accettandoti che i problemi si scioglieranno come neve al sole.

Informazione chiave n. 16: E' solo accettandoti che riuscirai ad accettare gli altri e a creare intorno a te un clima di fiducia e serenità

8 SESTO GIORNO: IL TUO *VADEMECUM* DELLO STAR BENE

Tutto ciò che hai letto e gli esercizi che hai svolto in questo libro hanno avuto l'obiettivo di farti cambiare il punto di vista, la "lettura" della tua pigrizia.

Gli esercizi stessi erano "azioni" tese a consolidare il nuovo punto di vista.

Queste letture, questi esercizi, le riflessioni alle quali ti ho indotto, gli "insight" (le illuminazioni) che hai avuto, hanno generalmente un effetto positivo e provocano piccoli cambiamenti immediati.

Immagina di aver iniziato a seguire un corso per apprendere una nuova lingua (per esempio il cinese). E' assai probabile che dopo aver imparato le prime espressioni, le prime frasi in cinese, tu te le ripeta con soddisfazione e non perda occasione di sfoggiare le tue nuove conoscenze con amici e con le persone care. Poi però il tempo e la necessità ti obbligano a riutilizzare in continuazione la tua "vecchia" lingua: l'italiano.

Ciò rallenta ovviamente l'apprendimento di lingue nuove. Tu sai che i nostri ragazzi, mandati durante le vacanze in Inghilterra o negli USA per imparare bene l'inglese, non lo imparano affatto se, anche là, continuano a parlare con gli amici italiani del loro gruppo.

La mia idea -ti assicuro, condivisa da moltissimi- è che per apprendere bene una lingua occorre andare nel paese dove la si parla **senza amici, senza un lavoro, e con pochi soldi.**

Il bisogno fa miracoli.

Ora, in questo libro abbiamo parlato di pigrizia. Abbiamo ottenuto dei simpatici effetti sulla tua mente. Se hai seguito lettura ed esercizi, è molto probabile che tu senta energie nuove in te.

Ma non basta.

Io voglio che gli effetti dello studio di questo libro (malgrado l'apparenza e il linguaggio semplice ti sarai accorto/a che non è un libro "facile"), si prolunghino nel tempo e si rafforzino, anche se per lunghi periodi non ti capitasse l'occasione di mettere alla prova le tue nuove competenze e i tuoi nuovi punti di vista. Non voglio che tu rischi di ri-dimenticare la nuova lingua appresa.

Abbiamo costruito insieme una sorta di motore, ora il motore va alimentato, altrimenti il suo olio si cristallizza, la ruggine incombe minacciosa e distruttiva.

Che fare?

Ti offro lo strumento adatto.

Esso richiede un po' di costanza. Ma questo è il bello. Il libro e i suoi esercizi preliminari per darti la forza di iniziare (te li ricordi?) ti forniscono già questa forza e questa costanza.

Il lavoro da fare sarà un lavoro continuo, che durerà per mesi o addirittura per anni. Ma sarà un piccolo lavoro e tu saprai mandarlo avanti fino a che il tuo inconscio non ti dirà "basta così".

Devo gratitudine a chi inizialmente mi suggerì l'uso di

questo strumento. Non mi venne dato nella forma che fra un po' vedrai, ma il "succo" della questione è assolutamente lo stesso.

Chi me lo propose, tanti anni fa, si chiama Gabriele Mandel.

E si tratta di una persona eccezionale, autore di centinaia di libri (hai capito bene: centinaia), grande mago del cambiamento e grande artista, oltre che incisore e pittore è stato ritenuto uno dei più grandi ceramisti al mondo. Segui quindi queste istruzioni pensando che vengono da una fonte importante e profonda.

Esercizio n. 20

Prendi il tuo quaderno dei cambiamenti, e scrivi il titolo del lavoro che faremo oggi:

I miei veti

Ora ti chiederò di ricordare la tua infanzia e la tua adolescenza, ti porrò delle domande. Non potrò con esse definire esattamente i contesti che hai attraversato nella tua vita, dovrai quindi interpretare, cercare esempi simili a quelli che ti farò.

Per esempio, se ti dico: hai sei anni e stai copiando su un foglio la faccia di Topolino, il disegno non ti viene bene (molto probabile data l'età), è presente un adulto, non necessariamente un genitore, che invece di aiutarti, mostrarti eventuali errori o gratificandoti per le cose che riesci a fare bene, tende a svalutarti con frasi tipo: Ma cosa stai combinando! Ma non vedi che stai facendo un pasticcio! E quello sarebbe Topolino? ecc...

Ti è mai accaduta una cosa simile?

Ti è accaduta più volte durante l'infanzia e l'adolescenza?

E' chiaro che anche se tu non ti sei mai cimentato nel disegnare Topolino dovrai riferirti a situazioni simili: un castello di carte che cade, un gioco che non ti riesce, un lavoretto in casa che non ti viene, un compito scolastico troppo difficile, ecc…

Cominciamo dunque, si tratta di quattordici domande. Ricorda ancora, è importante che tu trovi situazioni simili, non necessariamente le stesse.

1)
Sono gli anni dell'infanzia e della prima adolescenza, hai fatto qualcosa della quale sei fiero, oppure hai scoperto un gioco entusiasmante, oppure vuoi raccontare un'esperienza meravigliosa o scioccante, ti rivolgi quindi agli adulti (non necessariamente genitori, possono essere anche nonni, zii, tutor, altri parenti, amici di famiglia, fratelli o sorelle maggiori, insegnanti, ecc...) per coinvolgerli. Ma gli adulti (o l'adulto) sono impegnati in altro (le faccende di casa, altri compiti, devono dialogare con altri adulti, ecc...). Ti rispondono quindi, più o meno gentilmente, di aspettare, di "andare di là, in camera tua", di non disturbare, di aver pazienza che ora hanno da fare, ecc...
Ricordi episodi simili?
Se sì, se questi episodi si sono ripetuti qualche volta, scrivi sul quaderno il n. 1

2)
Sono gli anni dell'infanzia e della prima adolescenza, gli adulti (non solo genitori... ecc.) non sono molto contenti di te, le cose non vanno benissimo a scuola, oppure hai un comportamento che non li soddisfa (capricci?, scontrosità?, aggressività?, disordine?). E, puntualmente, fanno confronti: "Perché non fai anche tu come Caterina, che è così educata?", "Perché non studi ogni giorno come Guglielmo?", " Guarda tuo fratello, lui

sì che è bravo!", ecc...
Ricordi episodi simili?
Se sì, se questi episodi si sono ripetuti qualche volta, scrivi sul quaderno il n. 2

3)
Sono gli anni dell'infanzia e della prima adolescenza, dicono di te che sei vivace, o addirittura ipercinetica/o, non stai ferma/o un attimo. Si lamentano gli insegnanti o i genitori o altri adulti e ti chiedono spesso di stare un po' ferma/o, di startene buona/o su una sedia, o richiedono di non toccare questo, non toccare quello, lascia stare quell'altra cosa , vieni giù di lì, ecc...
Ricordi episodi simili?
Se sì, se questi episodi si sono ripetuti qualche volta, scrivi sul quaderno il n. 3

4)
Sono gli anni dell'infanzia e della prima adolescenza, ti piace far da te, di testa tua, e sei disobbediente. Ti urlano dietro che devi fare così, e non come fai tu.
Che devi ascoltare quello che dicono i grandi, che devi ubbidire, che devi dare retta alla maestra, che alla mamma si obbedisce, che al papà si obbedisce, fai qualcosa che a te sembra ben fatto, ma l'indomani: non ti avevo detto di fare così? Mai una volta che mi dai retta!, ecc., ecc...
Ricordi episodi simili?
Se sì, se questi episodi si sono ripetuti qualche volta, scrivi sul quaderno il n. 4

5)

Sono gli anni dell'infanzia e della prima adolescenza, ti sei impegnato, il giorno prima hai studiato quella lezione così noiosa, hai fatto gli esercizi che ti hanno dato di compito, poi c'è la verifica, prendi un buon voto, però non il massimo.

Quando torni a casa gli adulti, anziché gioire per il bel voto ti dicono: Ma guarda che errore stupido hai fatto, se stavi più attento prendevi un ottimo!

Insomma, qualunque cosa tu faccia non sono mai contenti, vogliono sempre un po' di più.

Ricordi episodi simili?

Se sì, se questi episodi si sono ripetuti qualche volta, scrivi sul quaderno il n. 5

6)

Sono gli anni dell'infanzia e della prima adolescenza, sei impegnato in qualcosa di difficile, una costruzione ai limiti delle tue possibilità, un disegno difficile, qui può andar bene anche l'esempio riportato all'inizio di questo capitolo, stai disegnando la testa di Topolino.

L'adulto (non solo genitori…, ecc.) ti è di fianco, ma invece di incoraggiarti, spiegarti qualche trucco, sostenerti, tende a svalutarti: Ma cosa stai combinando? Che pasticcio stai facendo? Ma non vedi che è troppo difficile per te? Cosa speri di fare?…, ecc.

Ricordi episodi simili?

Se sì, se questi episodi si sono ripetuti qualche volta, scrivi sul quaderno il n. 6

7)

Sono gli anni dell'infanzia e della prima adolescenza, ti sei fatto male. Una storta mentre giocavi con gli amici, una caduta, un taglietto mentre aiutavi la mamma a sbucciare le patate..., ecc. Tendi a lamentarti, magari a piagnucolare.

L'adulto (non necessariamente un genitore..., ecc.) ti guarda con un po' di severità e dice frasi tipo: "Su! Un ometto come te che piange? Vergogna", "Una donnina grande come te che piagnucola così , su bella dritta e non piangere!", "Su, su, forza, devi essere forte!"..., ecc. Ricordi episodi simili?

Se sì, se questi episodi si sono ripetuti qualche volta, scrivi sul quaderno il n. 7

8)

Sono gli anni dell'infanzia e della prima adolescenza, le cose in famiglia vanno normalmente bene, diciamo che senti intorno a te il giusto affetto, ma... se ti ammali, prendi l'influenza o qualche malattia dei bambini e sei costretta/o a letto con la febbre, allora l'affetto intorno a te aumenta in modo meraviglioso: "Come sta il mio tesorino bello?", "Come sta il mio amorino malato?", "Vuoi che ti porti quel dolcetto che ti piace tanto?", "Vuoi che ti compri un giochino nuovo?...", ecc. Ricordi episodi simili?

Se sì, se questi episodi si sono ripetuti qualche volta, scrivi sul quaderno il n. 8

9)

Sono gli anni dell'infanzia e della prima adolescenza, i tuoi genitori, o gli adulti che ti stanno vicino, sono molto sensibili alle... figuracce. Ti senti dire spesso frasi simili a queste: "Sono andata a parlare con i tuoi insegnanti... Dio, che figure mi tocca sempre fare...", " Possibile che a portarti fuori con noi c'è sempre da fare figure?", "Mi raccomando, non fare brutta figura!"…, ecc.

Ricordi episodi simili?

Se sì, se questi episodi si sono ripetuti qualche volta, scrivi sul quaderno il n. 9

10)

Sono gli anni dell'infanzia e della prima adolescenza, al contrario del caso precedente, spesso ti capita che i grandi si indignino per la tua timidezza, per la tua paura di stare in mezzo agli altri, e ti dicano allora frasi come: "Ma che t'importa se ti guardano!?", "Fregatene degli altri!", "Vai dritto per la tua strada!", o, citando inopportunamente Dante: "Segui il tuo corso e lascia dir le genti!"…, ecc.

Ricordi episodi simili?

Se sì, se questi episodi si sono ripetuti qualche volta, scrivi sul quaderno il n. 10

11)

Sono gli anni dell'infanzia e della prima adolescenza, fai una gran fatica a fare i compiti, a studiare quella lezione, ad andare a scuola, a fare quel lavoretto che mamma ti chiede da una settimana… allora arrivano i richiami, le ramanzine, le sgridate, le frasi tipo: "Un po' di buona volontà, ti si chiede solo questo!", "Un po' di olio di gomito, diamine!", "Hai sempre voglia di far niente!", "O studi o niente televisione!"…, ecc.

Ricordi episodi simili?

Se sì, se questi episodi si sono ripetuti qualche volta, scrivi sul quaderno il n. 11

12)

Sono gli anni dell'infanzia e della prima adolescenza, ti piace dire sempre la tua, hai un caratterino difficile, senza peli sulla lingua, se una cosa non ti va non ti fai problemi a dirlo! Ma questo non piace agli adulti che ti chiedono di darti una regolata, di lasciar perdere, di non dire sempre la tua, di non cercare sempre il pelo nell'uovo…, ecc.

Ricordi episodi simili?

Se sì, se questi episodi si sono ripetuti qualche volta, scrivi sul quaderno il n. 12

13)

Sono gli anni dell'infanzia e della prima adolescenza, alla mattina ti alzi a fatica dal letto e rischi costantemente di fare tardi a scuola, oppure sei lenta/o nel finire ciò che devi mangiare, oppure non vieni mai quando ti si chiama, sei lenta/o nel vestirti, le espressioni più usate dagli adulti con te sono: "Sbrigati!", "Su, dai, muoviti!"…, ecc.

Ricordi episodi simili?

Se sì, se questi episodi si sono ripetuti qualche volta, scrivi sul quaderno il n. 13

14)

Sono gli anni dell'infanzia e della prima adolescenza, frequenti naturalmente il tuo gruppo di amici, o chiedi di andare in quella certa palestra, o hai una amica/o del cuore, ma… quegli ambienti, quelle persone, quelle compagnie, non piacciono agli adulti che ti stanno intorno (non necessariamente genitori…, ecc.), ti senti dire spesso frasi come "Non mi va che tu esca con quella lì", "Voglio sapere in che ambiente vai, capito?", "In quella palestra non ti ci mando!", " Ti vuoi iscrivere a che?… Ma va'!"…, ecc.

Ricordi episodi simili?

Se sì, se questi episodi si sono ripetuti qualche volta, scrivi sul quaderno il n. 14

Ora sul tuo quaderno, o meglio, su un foglio a parte dovresti scrivere questo titolo:

I permessi ai quali ho assolutamente diritto

Ora, tenendo d'occhio i numeri che hai scritto, relativi ai diversi veti, copia da questo elenco sul tuo quaderno o sul foglio i permessi relativi ai soli numeri che ti sei appuntato/a.

1. Anziché tendere a diventare "invisibile" sei libera/o di realizzarti!

2. Anziché cercare di essere come qualcun altro ricorda che tu sei unica/o al mondo.

3. Anziché startene ferma/o sei libera/o di impegnarti per sentirti felice.

4. Anziché fare quello che ti dicono gli altri sei libera/o di decidere tu.

5. Anziché aspirare alla perfezione sei libera/o di comportarti spontaneamente.

6. Anziché sperare di farcela sei libera/o di amarti e stimarti.

7. Anziché doverti trattenere per sembrare forte sei libera/o di maturare.

8. Anziché lasciarti andare sei libero/a di progettare la tua vita.

9. Anziché cercare sempre di piacere agli altri sei

libera/o di fare ciò che ritieni più utile per te.

10. Anziché non dare importanza agli altri sei autorizzata/o a fidarti.

11. Qualunque età abbia sono libero/a di acquisire nuovi interessi ed energie. Sono libero/a di vivere senza sforzarmi.

12. Sono libera/o di dire la mia, ho diritto a mostrare le mie differenze.

13. Sono libera/o di interessarmi alle cose che faccio, in tutti i campi della vita.

14. Sono assolutamente libera/o di partecipare e di frequentare chi voglio.

Una volta che il significato dei permessi ti è chiaro hai in mano uno strumento che potrà accompagnarti per tutta la vita e che ti consentirà di mettere in atto
senza sforzo ulteriori cambiamenti.

Leggi questo elenco di permessi almeno due volte al giorno: alla mattina quando ti alzi dal letto e alla sera quando ti corichi.

- Per quanto tempo?

- Per il più lungo tempo possibile. L'autore di questo libro conserva da trent'anni un foglio simile a questo, ogni tanto lo riguarda e lo rilegge…

Non troverai alla fine di questo capitolo un riepilogo con le "informazioni chiave" relative. Questo infatti è già un elenco di informazioni chiave, espresse nella forma di permessi e di licenze.

Ora incamminati per il nuovo sentiero del fare.

Fai in modo che la tua fortuna sia buona, essa dipende da te.

Te lo meriti.

Buon lavoro.

9 SOLUZIONE DEGLI ESERCIZI

Esercizio n. 4

La teoria più corrente, quella di senso comune, che cerca di spiegare il nostro comportamento dice:

2) Compiamo le nostre azioni perché l'insieme di traumi ed eventi del nostro passato ci ha condizionato.

Una delle teorie più moderne afferma che nel futuro...

5) Sta, più o meno delineato un nostro progetto di vita.

Il nostro passato...

9) E' il serbatoio nel quale scegliamo gli elementi e i dati per confezionare il nostro progetto di vita.

Lo stile col quale mettiamo a punto i nostri progetti di vita...

11) E' qualcosa che si modifica, si rafforza o indebolisce nel tempo, e può cambiare.

Lo stare fermi nella vita dipende...

15) Dallo stile col quale si mette a punto il nostro progetto di vita.

Un progetto di vita è...

17) La visione di ciò che c'è là in fondo, all'altezza del traguardo.

Esercizio n. 5

Ciò che tu sei oggi è dovuto...

2) A come ti sei costruito nella tua vita.

La pigrizia...

5) E' un'espressione il cui significato cambia nella storia.

Per gli antichi Romani il pigro era...

8) Il fifone.

L'espressione "Non perdere tempo" è...

11) Tipica dell'età industriale.

I problemi sono...

14) Situazioni che paiono più o meno gravi a seconda dell'epoca nella quale si presentano.

I problemi sono...

16) Competenze o strumenti messi a punto per evitare o ottenere qualcosa.

Soffriamo per la nostra pigrizia a causa...

19) Della nostra formazione culturale.

Esercizio n. 6

Nell'esempio che hai appena letto, il rossore è dovuto a...

2) Una tua competenza.

Le competenze acquisite per sopravvivere nel nostro mondo...

5) Tendono a restare per lunghissimo tempo.

Le risorse che possediamo si possono trasformare in problema quando...

8) Il contesto nel quale le hai apprese non c'è più.

La pigrizia è stata messa a punto perché...

10) Un tempo era una risorsa.

Esercizio n. 11

Quando vi dite "sono un pigro, questo è il mio problema", lo dite perché...

1) Avete l'impressione che sia giusto e normale dirlo.
Sentirsi normali...
4) E' bello.
La vostra pigrizia è...
7) Un apprendimento profondo messo a punto nella vostra infanzia e formazione.
Si può fare della pigrizia una virtù...
10) Odiandola per sentirsi normali.
Il pigro si sente normale se...
13) Come fanno tutti disprezza la pigrizia.
Disprezzare la pigrizia è...
16) Bello e sano.
Vivi la tua pigrizia per poi poterla...
20) Combattere.
Combattere la pigrizia è...
24) Inutile.
La tua pigrizia occorre che ci sia affinché...
25) Tu possa combatterla e sentirti normale.
Il pigro che odia e combatte la propria pigrizia lo fa per...
28) Sentirsi normale.
Per poter combattere la pigrizia occorre che...
32) Ci sia.

Esercizio n. 12
Ho appreso la **pigrizia** in modo profondo, probabilmente nella mia **infanzia.**
Ora mi riesce difficile **combatterla**, ma posso ugualmente sentirmi **normale**
odiandola. Ma se solo odiandola mi sento **normale**, allora occorre che la **pigrizia** ci sia, affinché io possa odiarla!

Esercizio n. 19

Gli esseri umani nascono forniti delle corde vocali, quindi:

2) Occorre che apprendano a utilizzarle stando in mezzo agli altri e apprendendo il linguaggio.

Gli esseri umani nascono già capaci di modificare il volto, le sensazioni interne, la gestualità, quindi:

6) Occorre che vivendo insieme agli altri imparino a dare nomi e significati alle emozioni e a utilizzarle al momento giusto e nelle occasioni giuste.

L'apprendimento profondo di qualcosa ha come conseguenza che:

7) La cosa non sia più dimenticata.

Dire che si ha realmente appreso qualcosa solo quando la si dimentica significa che:

11) Sappiamo bene qualcosa quando abbiamo dimenticato il modo col quale l'abbiamo appresa e utilizziamo la conoscenza acquisita automaticamente.

Apprendiamo il linguaggio delle emozioni:

13) Stando in mezzo agli altri accostando emozioni a contesti particolari, come fanno gli altri, condividendone quindi il linguaggio.

Un evento può assumere diversi significati, quindi:

16) Le emozioni cambiano a seconda del significato che diamo a quell'evento.

Se il termine "pigrizia" cambia significato:

19) Cambiano le nostre emozioni relative alla pigrizia.